海上絲綢之路基本文獻叢書

皇明象胥録（上）

〔明〕茅瑞徵 撰

文物出版社

圖書在版編目（CIP）數據

皇明象胥録．上 /（明）茅瑞徵撰．-- 北京 : 文物出版社，2022.6
（海上絲綢之路基本文獻叢書）
ISBN 978-7-5010-7553-9

Ⅰ．①皇… Ⅱ．①茅… Ⅲ．①邊疆地區－史料－中國－明代 Ⅳ．① K928.1

中國版本圖書館 CIP 數據核字（2022）第 065625 號

海上絲綢之路基本文獻叢書
皇明象胥録（上）

著　　者：〔明〕茅瑞徵
策　　划：盛世博閲（北京）文化有限責任公司

封面設計：鞏榮彪
責任編輯：劉永海
責任印製：張道奇

出版發行：文物出版社
社　　址：北京市東城區東直門内北小街 2 號樓
郵　　編：100007
網　　址：http://www.wenwu.com
郵　　箱：web@wenwu.com
經　　銷：新華書店
印　　刷：北京旺都印務有限公司
開　　本：787mm×1092mm　1/16
印　　張：11.5
版　　次：2022 年 6 月第 1 版
印　　次：2022 年 6 月第 1 次印刷
書　　號：ISBN 978-7-5010-7553-9
定　　價：90.00 圓

總緒

海上絲綢之路，一般意義上是指從秦漢至鴉片戰爭前中國與世界進行政治、經濟、文化交流的海上通道，主要分爲經由黄海、東海的海路最終抵達日本列島及朝鮮半島的東海航綫和以徐聞、合浦、廣州、泉州爲起點通往東南亞及印度洋地區的南海航綫。

在中國古代文獻中，最早、最詳細記載『海上絲綢之路』航綫的是東漢班固的《漢書・地理志》，詳細記載了西漢黄門譯長率領應募者入海『齎黄金雜繒而往』之事，書中所出現的地理記載與東南亞地區相關，并與實際的地理狀況基本相符。

東漢後，中國進入魏晋南北朝長達三百多年的分裂割據時期，絲路上的交往也走向低谷。這一時期的絲路交往，以法顯的西行最爲著名。法顯作爲從陸路西行到印度，再由海路回國的第一人，根據親身經歷所寫的《佛國記》（又稱《法顯傳》）一書，詳細介紹了古代中亞和印度、巴基斯坦、斯里蘭卡等地的歷史及風土人情，是瞭解和研究海陸絲綢之路的珍貴歷史資料。

隨着隋唐的統一，中國經濟重心的南移，中國與西方交通以海路爲主，海上絲綢之路進入大發展時期。廣州成爲唐朝最大的海外貿易中心，朝廷設立市舶司，專門管理海外貿易。唐代著名的地理學家賈耽（七三〇～八〇五年）的《皇華四達記》記載了從廣州通往阿拉伯地區的海上交通『廣州通夷道』，詳述了從廣州港出發，經越南、馬來半島、蘇門答臘半島至印度、錫蘭，直至波斯灣沿岸各國的航綫及沿途地區的方位、名稱、島礁、山川、民俗等。譯經大師義净西行求法，將沿途見聞寫成著作《大唐西域求法高僧傳》，詳細記載了海上絲綢之路的發展變化，是我們瞭解絲綢之路不可多得的第一手資料。

宋代的造船技術和航海技術顯著提高，指南針廣泛應用於航海，中國商船的遠航能力大大提升。北宋徐兢的《宣和奉使高麗圖經》詳細記述了船舶製造、海洋地理和往來航綫，是研究宋代海外交通史、中朝友好關係史、中朝經濟文化交流史的重要文獻。南宋趙汝適《諸蕃志》記載，南海有五十三個國家和地區與南宋通商貿易，形成了通往日本、高麗、東南亞、印度、波斯、阿拉伯等地的『海上絲綢之路』。宋代爲了加强商貿往來，於北宋神宗元豐三年（一〇八〇年）頒佈了中國歷史上第一部海洋貿易管理條例《廣州市舶條法》，并稱爲宋代貿易管理的制度範本。

元朝在經濟上採用重商主義政策，鼓勵海外貿易，中國與歐洲的聯繫與交往非常頻繁，其中馬可·波羅、伊本·白圖泰等歐洲旅行家來到中國，留下了大量的旅行記，記録元代海上絲綢之路的盛况。元代的汪大淵兩次出海，撰寫出《島夷志略》一書，記録了二百多個國名和地名，其中不少首次見於中國著録，涉及的地理範圍東至菲律賓群島，西至非洲。這些都反映了元朝時中西經濟文化交流的豐富内容。

明、清政府先後多次實施海禁政策，海上絲綢之路的貿易逐漸衰落。但是從明永樂三年至明宣德八年的二十八年裏，鄭和率船隊七下西洋，先後到達的國家多達三十多個，在進行經貿交流的同時，也極大地促進了中外文化的交流，這些都詳見於《西洋蕃國志》《星槎勝覽》《瀛涯勝覽》等典籍中。

關於海上絲綢之路的文獻記述，除上述官員、學者、求法或傳教高僧以及旅行者的著作外，自《漢書》之後，歷代正史大都列有《地理志》《四夷傳》《西域傳》《外國傳》《蠻夷傳》《屬國傳》等篇章，加上唐宋以來衆多的典制類文獻、地方史志文獻，集中反映了歷代王朝對於周邊部族、政權以及西方世界的認識，都是關於海上絲綢之路的原始史料性文獻。

海上絲綢之路概念的形成，經歷了一個演變的過程。十九世紀七十年代德國地理學家費迪南・馮・李希霍芬（Ferdinad Von Richthofen，一八三三～一九〇五），在其《中國：親身旅行和研究成果》第三卷中首次把輸出中國絲綢的東西陸路稱爲『絲綢之路』。有『歐洲漢學泰斗』之稱的法國漢學家沙畹（Édouard Chavannes，一八六五～一九一八），在其一九〇三年著作的《西突厥史料》中提出『絲路有海陸兩道』，蘊涵了海上絲綢之路最初提法。迄今發現最早正式提出『海上絲綢之路』一詞的是日本考古學家三杉隆敏，他在一九六七年出版《中國瓷器之旅：探索海上的絲綢之路》中首次使用『海上絲綢之路』一詞；一九七九年三杉隆敏又出版了《海上絲綢之路》一書，其立意和出發點局限在東西方之間的陶瓷貿易與交流史。

二十世紀八十年代以來，在海外交通史研究中，『海上絲綢之路』一詞逐漸成爲中外學術界廣泛接受的概念。根據姚楠等人研究，饒宗頤先生是華人中最早提出『海上絲綢之路』的人，他的《海道之絲路與昆侖舶》正式提出『海上絲路』的稱謂。選堂先生評價海上絲綢之路是外交、貿易和文化交流作用的通道。此後，大陸學者馮蔚然在一九七八年編寫的《航運史話》中，使用『海上絲綢之路』一詞，這是迄今學界查到的中國大陸最早使用『海上絲綢之路』的人，更多地限於航海活動領域的考察。一九八〇年北京大學陳炎教授提出『海上絲綢之路』研究，并於一九八一年發表《略論海上絲綢之路》一文。他對海上絲綢之路的理解超越以往，且帶有濃厚的愛國主義思想。陳炎教授之後，從事研究海上絲綢之路的學者越來越多，尤其沿海港口城市向聯合國申請海上絲綢之路非物質文化遺産活動，將海上絲綢之路研究推向新高潮。另外，國家把建設『絲綢之路經濟帶』和『二十一世紀海上絲綢之路』作爲對外發展方針，將這一學術課題提升爲國家願景的高度，使海上絲綢之路形成超越學術進入政經層面的熱潮。

與海上絲綢之路學的萬千氣象相對應，海上絲綢之路文獻的整理工作仍顯滯後，遠遠跟不上突飛猛進的研究進展。二〇一八年厦門大學、中山大學等單位聯合發起『海上絲綢之路文獻集成』專案，尚在醞釀當中。我們不揣淺陋，深入調查，廣泛搜集，將有關海上絲綢之路的原始史料文獻和研究文獻，分爲風俗物産、雜史筆記、海防海事、典章檔案等六個類別，彙編成《海上絲綢之路歷史文化叢書》，於二〇二〇年影印出版。此輯面市以來，深受各大圖書館及相關研究者好評。爲讓更多的讀者親近古籍文獻，我們遴選出前編中的菁華，彙編成《海上絲綢之路基本文獻叢書》，以單行本影印出版，以饗讀者，以期爲讀者展現出一幅幅中外經濟文化交流的精美畫卷，爲海上絲綢之路的研究提供歷史借鑒，爲『二十一世紀海上絲綢之路』倡議構想的實踐做好歷史的詮釋和注脚，從而達到『以史爲鑒』『古爲今用』的目的。

凡例

一、本編注重史料的珍稀性，從《海上絲綢之路歷史文化叢書》中遴選出菁華，擬出版百册單行本。

二、本編所選之文獻，其編纂的年代下限至一九四九年。

三、本編排序無嚴格定式，所選之文獻篇幅以二百餘頁爲宜，以便讀者閱讀使用。

四、本編所選文獻，每種前皆注明版本、著者。

五、本編文獻皆爲影印，原始文本掃描之後經過修復處理，仍存原式，少數文獻由於原始底本欠佳，略有模糊之處，不影響閱讀使用。

六、本編原始底本非一時一地之出版物，原書裝幀、開本多有不同，本書彙編之後，統一爲十六開右翻本。

目録

皇明象胥録（上）

皇明象胥録（上）

序至卷三

〔明〕茅瑞徵　撰

明崇禎茅氏芝園刻本

象胥録序

鄭端簡公吾學編所次四夷
考精核簡嚴居然良史而根
據多畧且編纂亦止於
世廟余往在職方閲按歷代
史牒及耳目近事稍爲增

定以說萬曆紀年如佛郎機魯迷諸國前考所缺者併据攟訂入庶幾展卷可暂本末寰陬袤落如指諸掌矣頃居臚寺多暇因發篋中舊稿重加參證乃竊嘆

皇靈之遐暢而　廟戰之無遺
畫也國初
真人首出梯航重譯
文皇帝遣中使三下西洋疑
勤遠畧而北犂虜庭南討交
阯蓋綿搆規摹倍應廣大

曾幾何時而南交棄河套矣
險塞亦不守寖假而遼左翦
焉異域矣雖云外夷逆順譬
同癬疥而未嘗不脉中朝生
鄉指内治脩則鱗介可化為衣
裳邊備弛則藩籬將莽為豺

虎深維往轍固彊徼得失之
林也島夷出沒鯨波西戎遠
在天末從古不能與中國
争衡而通番之船不禁則勾
引轉滋貫胡之来日衆則窺
伺釁所至閩浙之海寇内訌而

澳陝之流賊飈發所在伏莽又
何論要荒絕徼之外乎鴻臚
昔隸典客掌諸歸義蠻夷
寄象鞮譯自澳職守況常沿
事借箸網羅舊聞不為俎越輒
因蒐錄成書貂續端簡題曰象

胥以志
國家賓師之畧他如北虜女直
及西南溪峒諸蠻夷別有裒
集間與端簡詳略不無異同
要以聚米畫地各暢人意非
敢鬪奇耳食如優孟之學叔

敎也時

崇禎己巳秋日之吉歸安茅瑞徵

書於南鴻臚署之嘉會軒

皇明象胥録

凡例

一東夷首朝鮮琉球以請封脩貢謹爲我外藩也次日本海上設防倍宜詰毖夫寧有戒心焉南蠻首安南蓋嘗郡縣其地矣占城而下並爲波臣略從海道爲次西戎首哈密故領袖西域尚存遺意土魯番而下皆西域夷也西番種人頗繁苐以番括之兀良哈則北狄矣虜部猥雜别有編纂茲不復贅列云

一諸國曾通朝貢雖小必書此外賈船所至間爲收錄若要荒殊詭萬狀不能殫述也

一諸國須有勘合及載在

祖訓者大書備錄其小邦偶一脩貢附入之如佛郎機和蘭不列王會仍次滿剌加呂宋後

一各夷名號全以

會典及

歷朝實錄爲據間與稗史異同並爲改正

一諸國沿革本末博攷歷代正史凡有關大體備錄之

一拂菻在嘉峪關外榜葛刺雖係東印度然在西
天數中　會典並列東南夷未當今改入西域
欵下
一臨文有犯
御諱遵照近例改書
一編纂盡于萬曆紀年以往歲備員兵曹耳目較
核爾後姑從闕疑以俟君子
一家鮮
賜書學慙窺豹雖偶抽鄴架探討略盡四夷然空

錄例

涉酉岩演繹應窮五技異開牆面應啓蓬心

藏板

茗上茅瑞徵識

男胤京

胤武

同訂正

皇明象胥録目

呂宋　和蘭　美洛居
蘇門答剌　阿魯　梨代　賓童龍
錫蘭山　覽邦　溜山
柯枝　小葛蘭　木骨都束
卜剌哇
古里班卒　忽魯謨斯
古里　祖法兒　阿丹　阿哇
古麻剌　西洋瑣里　瑣里
淡巴　甘巴里　討來思　勿斯里
木蘭皮　打回　咭吟
順哈

卷六

卷七

皇明象胥録目

象胥　八　三　芝園

藏板

祖訓不征諸夷

朝鮮　日本　大小琉球　安南　眞臘

暹羅　占城　蘇門答剌　西洋　瓜哇

彭亨　百花　三佛齊　浡泥

右凡十五國職掌所載又有瑣里西洋瑣里

覽邦淡巴須文達那諸國

領有勘合國

暹羅　日本　占城　瓜哇　满剌加　眞臘

蘇祿國東王　蘇祿國西王　蘇祿國峒王

錄目　藏板

柯支　浡泥　錫蘭山　古里　蘇門答剌
古麻剌
洪武十六年始給暹羅國以後漸及諸國每
國勘合二百道改元則換給

皇明象胥録一

歸安茅瑞徵伯符撰

朝鮮

朝鮮直遼東南古箕子國初箕子胥餘既陳洪範避地朝鮮商衆從者五千人武王因封焉乃教民禮義田蠶爲約八條俗貞絜夕户不闔飲食以籩豆其號朝鮮以日東出鮮潤或云境有汕水故名周衰地邊燕燕自立爲王欲東略地朝鮮侯亦稱王將起兵逆擊燕尊周室大夫禮諫使西説燕罷

其兵後子孫稍驕燕遣將秦開西闢地二千餘里
築鄣塞朝鮮寖微秦并天下築長城抵遼東朝鮮
王否服屬外徼否死子準立會陳項起燕齊趙民
多亾附是時去始封已四十餘世矣漢興脩遼東
故塞界浿水屬燕王盧綰綰反走匈奴燕人衛滿
聚黨千餘椎結胡服度浿水說準居西鄙扞邊準
拜爲博士遂得秦故空地益誘燕齊亾命役屬詐
稱漢兵至還攻準準亾入韓滿遂自王朝鮮都王
險孝惠時滿約爲外臣保塞益威行旁小國兼有

濊北與高句驪沃沮地凡數千里傳子及孫右渠
漢使涉河誘諭不奉詔已又襲殺何武帝遣樓船
將軍楊僕勒兵五萬從齊浮海左將軍荀彘出遼
東擊之城守不下乃使濟南太守公孫遂以便宜
并軍急擊其相殺右渠降因分置樂浪臨屯玄菟
眞番四郡時元封三年也昭帝省爲樂浪玄菟二
郡而玄菟徙居高句驪西北其沃沮濊貊並屬樂
浪以斥遠分置樂浪東部都尉漢末公孫度起玄
菟越海收東萊諸縣自侯遼東傳孫淵封樂浪公

淵又自立爲燕王魏滅之晉永嘉亂陷入高句驪
高句麗本扶餘别種世以高爲氏至高璉併有朝
鮮居平壤死年百餘歲平壤亦曰長安城南臨浿
水卽樂浪郡地外復有國内城漢城爲别都號三
都云自璉後稱高麗貢獻無常隋封其六世孫湯
爲高麗王煬帝渡遼水親征至再不克振旅而還
唐武德初其王建武遣使入朝命道士以像法往
爲講老子建武築長城千里東北首扶餘西南屬
海尋爲蓋蘇文所弒旁擾新羅太宗詔北輸粟營

州以總管張亮帥募兵四萬吳艘五百泛海趨平
壤李勣帥騎士六萬趨遼身誓師東援遼蓋二州
歸高宗已平百濟會蓋蘇文死子男生與弟修郄
遂以李勣節度轉燕趙食廥遼東乾封三年勣率
別將薛仁貴等援扶餘城大破之王藏請降剖其
地為州縣置安東都護府總章中徙高麗民三萬
於江淮餘衆反奔新羅及突厥靺鞨儀鳳二年封
藏朝鮮郡王畱安東死子德武為都督後稍自國
元和末遣使獻樂工其國東徙鴨綠江東南千餘

里歷後唐同光中高氏屢奉職貢長興三年權知國事王建代立明宗乃拜建玄菟州都督高麗國王建益幷新羅百濟地自廣東徙松岳以平壤爲西京子孫終五代修貢不絕周世宗嘗以帛數千匹市銅高麗以鑄錢宋太宗即位其王伷遣國人金行成就學擢進士是後詣監肄業以爲常會契丹伐女眞道高麗界女眞意高麗搆禍因貢馬愬于朝太宗出所上告急木契示高麗使歸白王治還所俘而王治方奉表契丹得所取女眞國鴨綠

江東地數百里淳化後遂爲夯制朝貢中絶咸平六年遣使來朝言晋割燕薊屬契丹遂有路趣玄菟乞王師屯境上牽綴𢎞丹索前地其王詢徙昇羅州以紓禍大中祥符三年與女直設奇邀擊契丹築城鴨緑江東自是絶不通中國垂四十三年熙寧初詢孫徽來脩好神宗亦欲結之以謀𢎞丹改登萊貢道由明州元豐元年造兩艦報聘自定海絶洋而東而徽奉契丹正朔往往兩屬通使元祐八年高麗獻黃帝鍼經詔頒天下其使請鬻歷

代史及册府元龜等書禮部尚書蘇軾疏却之有旨書籍經買者聽宣和中求二醫往歸日王楷語曰聞朝廷將用兵遼遼兄弟國存之足爲邊扞女直虎狼不可交也願二醫歸報天子早爲備及回奏無及矣先是遼侵高麗置保州金巳克黃龍府高麗請還舊疆不許及遼亾王楷稱藩如遼例而宋自高麗改貢道明越困於供給兼慮爲金間罷一切使命紹興三年楷脩貢仍温詔答焉當是時其國都開成府依山險名曰神嵩即松岳也東京

新羅爲東州樂浪府南京百濟爲金州金馬郡西京平壤爲鎮州而西京最盛元興契丹衆九萬餘竄據江東城元遣偏師會高麗滅之歳輸貢後絶信使太宗命撤禮塔往征抵王京其王瞰奉牛酒勞師尋叛竄海島憲宗末遣世子倎入朝瞰卒歸國更名禃世祖徵禃脩世見禮朝上都至元初立瀋州處高麗降民遣使通好日本諭旨爲鄉導期得要領併相視耽羅道路禃爲其臣林衍所廢立弟淐議征之無何禃復位來朝詔西京内屬改東

象胥　一　朝鮮　五　芝園

寧府書慈悲嶺爲界以安撫使佩虎符戍其西境
中書省請屯田金州安撫使阿海略地平珍島禃
致書日本使通好經略使忻都入海拔耽羅詔
高麗僉軍助征日本以皇女嫁世子愖父爵改
鑄駙馬高麗王印賜之愖子謜謜子燾嗣王燾傳
弟暠以訖元亾　國朝洪武元年遣符寶郎偰斯
賜高麗王顓璽書二年顓表賀貢方物　詔齋金
印封爲高麗國王頒大統曆復諭王固圉蒐乘謹
備倭無崇信釋氏　賜六經四書通鑑漢書使者

言王顓有侄女遭亂没軍中
上令中使訪歸本國仍厚衣饋三年遣使代祀其
國山川會定取士格　詔許高麗安南等國貢赴
京師會試以沙漠平往諭四年　賜高麗貢士金
濤第以不通華言給道里費回籍中書省奏禁使
者闌出貨物不許五年安置歸德侯陳禮歸義侯
明昇於高麗王顓請遣子弟入太學表言躭羅國
多畱蒙古人及蘭秀山逋寇宜詰治　詔躭羅巳
屬無滋疑忌逋寇可傳檄定其罷兵以貢馬不誠

卻其使七年諭中書省高麗頻涉險來貢宜令三年或比年一聘八年王顓被弑以養子禑嗣貢愆期　勑遼東守臣勿與通十年請顓謚號

上曰顓弑久今始請謚將假朝命鎮服其民且掩逆跡其勿與降勑切責遣都督僉事濮眞往訊死之十二年高麗屬夷龍州土官鄭白等内附守將潘敬葉旺以聞　勑無受降開釁十六年陪臣張伯崔洎來貢以頊歲不庭渝約卻不受　命禮部咨諭之十八年許禑嗣王　賜故王顓謚恭愍貢

遠祖翰仕新羅爲司空六世孫兢休入高麗至成
桂凡十七世竟代王有國
上以遠夷置不問心固弗善也旦遣使請朝鮮印
及封誥表不孫下吏索撰表人鄭總安置雲南二
十六年遼東奏朝鮮陰誘女直人五百潛度鴨綠
江將寇邊下勑切責　諭守臣謹備絕貢使二十
九年請印誥不許旦老聽以子芳遠襲卒謚康獻
永樂元年芳遠表言洪武中賜金印龜紐頊經建
文更制乞如舊頒給　詔予印誥及冕服九章春

秋會通等書二年
上欲屯田遼東徵牛朝鮮芳遠以萬頭獻　勑遼
東都司分給屯田每頭酬絹一疋布四疋　賜其
王文綺表裏六年世子提來貢七年諭進馬供用
芳遠獻萬匹助征虜十六年請老子祹嗣時遷都
北京距朝鮮爲近二十一年征阿魯台駐蹕沙城
祹遣陪臣崔雲奏事令還京胥命宣德元年芳遠
卒諡恭定　賜嗣王祹五經四書性理大全通鑑
綱目因謂禮部尚書胡濙聞祹勤學故賜之令小

國民蒙惠亦朕所樂也二年　勅進馬五千匹四
年徇獻海東青　詔珍異非朕所貴其勿進使還
賜王磁器勑貢獻唯土物無以金玉七年遼東都
司言諸屯缺耕牛諭朝鮮選給萬頭償以絹布五
萬疋如前例時毛憐建州夷詐爲忽刺温野人犯
朝鮮境朝鮮以兵攻建州遣使勑諭八年總兵官
巫凱奏朝鮮擅兵
上曰遠夷爭競但謹邊備而已徇欲遣子弟入就
學不許仍　賜書俾學國中九年聞黑龍江七姓

錄一　藏板

野人議侵朝鮮　勑禍巖爲禦正統二年建州左衛都督猛可帖木兒爲七姓野人所殺其子童倉與叔凡察逋居朝鮮界尋得罪亡歸四年建州都指揮李滿住等言朝鮮招叛朝鮮亦言凡察誘匿童倉逃匿處與李滿住同謀生釁諭仍還境城凡察等言禍阻留部落六年禍復愬凡察舊居境城阿木河仳離失所撫恤備至近徙東陲忽潛依李滿住誰爲追阻滿住居婆猪江屢引忽刺溫掠臣邊今凡察與同惡背恩巳甚

上勑裪國家倚王爲東藩如凡察滿住異類畜之
無與較七年以建州朝鮮構怨命錦衣衛指揮吳
良等齎勑諭朝鮮集境城人口質審去留戒凡察
無妄索會兀剌寄令女直諸部誘脅朝鮮裪拒之
白其事
上勑獎裪忠誠　賜綵幣幷諭裪東寧等衛諸逋
逃無問漢人女直並擒解無貽累爾國十年倭犯
朝鮮來獻俘時虜寇邊　詔朝鮮備馬三萬景泰
元年貢馬五百奏比歲馬耗損未能猝辦止勿復

貢禍卒子珦嗣遼東報虜掠開原瀋陽及圍撫順
女直李滿住凡察董山等爲廹脅入寇勅珦餙邊
防勤三年珦卒謚恭順子弘暐嗣五年　賜弘暐
宋史從其請也弘暐稺而孱七年遜其叔瑈遣內
臣册瑈爲王天順三年登州衛運遼軍布花舟漂
至朝鮮擄掠得十之七瑈給衣糧送歸朝　賜勅
獎諭是歲瑈納建州酋董山私授中樞密使諜得
其制書遣科臣往瑈餙詞出制書示之驚服貢馬
謝罪四年朝鮮誘殺毛憐衛都督郎卜兒哈兩降

勑解讐五年建州衛野人乘夜掠義州諭朝鮮無
挑禍成化三年卻所進海東青白鶻王師征建州
瑈遣中樞府知事康純等率兵萬餘協攻遂斬李
滿住及擒勦部落以俘獻　璽書褒異加賜金綺
瑈尋卒　賜謚惠莊子晄嗣始冊封卒遣內臣時
遼左薦饑御史侯英疏稱中使繹騷朝鮮號秉禮
國乞簡廷臣往
上是之著爲令六年晄卒謚襄悼以子幼立兄子
娎嗣王七年娎奏李滿住子索而哈聚衆脅慾乞

邊臣應援十一年復奏建州野人糾毛憐等衛夷
侵擾時禁外國互市銅錢弓角等物十三年婁奏
小邦北連野人南隣島倭
高皇帝嘗賜火藥火砲令乞弛禁市弓角令歲市
五十無過多十四年朝鮮貢使還被寇掠官較捕
獲都御史王越請梟示彰國法仍還原刼以慰遠
人十五年建州酋伏當加等復盜邊　詔朝鮮夾
擊婁遣右議政尹弼商等渡江擣巢多擒斬明年
春來獻捷　賜宴禮部亡何建州掠朝鮮從騎以

報擣巢之役弘治初歲貢獻如例七年娎卒謚康
靖八年封子㦕爲王十二年㦕請摟還下海民戶
遼東守臣亦奏軍民逃聚海島得及時解散從之
㦕病風令弟懌權署國事正德二年懌嗣王十三
年修貢請更會典所載宗系嘉靖改元遣脩撰唐
皋宣論以親藩入繼大統意始
毅皇帝時懌請冊世子中使金義陳浩貪緣內降
往賜懌等金幣括取異物及童男女至是以禮官
言報罷十五年以　皇子生頒詔朝鮮先是　皇

嗣冊封始遣使外夷
上特令詔諭因著令甲明年脩撰龔用卿等使朝
鮮還請凡事關禮制一體諭知即令陪臣賫示報
可十八年表賀上　廟號尊謚及
睿宗祔廟明堂禮成御奉天門延見使者二十三
年朝鮮民洪贇等航海漂入通州海門界傳詣
京師給衣糧護歸明年漳州民李王乞等通番漂
朝鮮送遼東都司權國事世子峼以王懌訃來告
峼嗣未踰年卒立其弟峘二十六年峘獲福淸通

番人馮淑等并貨物解遼東洛稱閩人向無汎本
國者頃前後獲千人皆市易日本闌出火藥軍器
恐起兵端
上令查勘海道　賜峘金幣旌忠順三十一年峘
以
國初所賜樂器敝壞奏求律管仍乞遣官赴
京肄習以遵朝制三十六年大内災峘上表奉慰
三十八年倭犯朝鮮擊之盡殪因賀冬至奏聞并
歸所掠獎賜有差明年賀使至遼直虜傷從官一
詔自今朝鮮貢使並迎護出境隆慶元年表賀

肅皇帝尊謚部議尊謚　廟號無稱賀禮然不當
以律遠夷　賜幣報聞其冬峘卒謚恭憲從子聡
嗣立初李成桂易姓
高皇帝心惡其篡而傳者復訛以爲仁人子因著
祖訓稱李仁人及子成桂凡先後殺王氏四子以
爲永鑒其後嗣累表自世系非仁人後并言恭愍
弑由孽臣仁人誅倫立禑追禑寇遼先臣成桂反
兵傳昌至瑤竟以國人擁戴請命代立未嘗身與
弑逆願得湔雪萬曆三年重脩會典乃更定如今

文云二十年倭乘朝鮮弛備大縱兵巨酋行長清
正等分道陷豐德諸郡昖倉皇走義州願内屬
上采廷議遣兵部侍郎宋應昌等濟師復王京昖
得返國詳具日本傳當是時朝鮮八道幾覆非
天子深念藩籬前後特簡重臣經略朝鮮勢必不
守大抵朝鮮恭謹異它夷　國家寵禮亦加等自
洪熈後歲遇元旦及　萬壽千秋節皆遣使表賀
貢方物它慶慰謝恩無常期嘉靖十年始令外夷
元旦朝賀例改冬至大事必頒詔其國請封告哀

率遣近臣及行人册封弔祭朝鮮使至例得瞻拜
太學禁網亦疎弘治中因女直貢夷讐殺槩譏出
入嘉靖十三年陪臣蘇洗讓請得出舘游觀如舊
禮部尚書夏言覆許正使員役五日一次出舘令
通事一人陪侍以示禮遇且寓防衛
上輒可其奏攷四履東西相距二千里南北四千
里其東西南並濱大海北隣女直南隣倭西北限
鴨綠江江出靺鞨之白山平壤在其東南自昔憑
以爲險分八道以統州郡曰京畿曰忠清曰慶尚

曰全羅曰黄海曰江原曰平安曰咸鏡設官舉士畧倣中國因田制俸俗柔讓以蹲踞爲恭崇釋尚鬼惡殺多所諱忌士人喜讀書工詩文衢路悉搆嚴室號爲堂未婚者曹處誦經習射歲以季秋燕高年吉凶悉禀家禮釀用秔廣袖戴折風巾茅居苧衣色尚白法無苛條其敗常犯賕及再嫁書名三司子孫不齒人首無枕骨背扁側境内山川九都神嵩北嶽海鴨綠江爲大又有江曰大定曰大同而漢江最勝自鴨綠東流入於海歷數千里至

漢城滙爲巨浸南即古百濟又東爲古新羅近唐熊津都督府土產金銀銅鐵水晶鹽紬苧布摺扇龍文簾席白硾紙狼尾筆紫花硯果下馬長尾雞貂豽海豹皮八稍魚秔黍松榛薏苡茯苓人參其貢道渡鴨綠江則自鴉鶻關趨遼陽歷廣寧前屯入山海關以達　京師凡迂回三四鎮戍成化中苦女直邀劫請改繇遼陽南徑趨寧前職方郎劉大夏以　祖制有微意持不可議遂罷

論曰世推朝鮮封始箕氏及讀黃少詹洪憲輶

錄乃得所謂檀君檀君者其傳堯戊辰歲有神降太伯山檀木下國人君之至今奉祀不廢檀君與箕子並都平壤史稱衛滿都王險王險亦平壤也漢取爲樂浪郡范曄東漢書敘東夷特詳曰夫餘曰高句驪曰東沃沮曰濊曰馬韓辰韓弁辰其言濊及沃沮句驪本朝鮮地而夫餘屬玄菟韓有三種馬韓最大而朝鮮王準爲衛滿所破將餘衆數千人入海攻馬韓自王則諸國當通系朝鮮其後倂入高句麗兼有新羅百濟拓境亦侈大已乃以

隋唐師武臣力頗抗前旌號爲勁敵頃歲海波稍警翦焉幾覆強隣虎眎不遑固圉何今昔強弱逕庭哉或以向習華風轉趨文弱摩厲自強無孤卯翼亦有土自完之哲也攷箕子封朝鮮傳四十一代至準凡九百二十八年而失國準入韓地金馬郡自立號韓王又傳二百年併於百濟前後凡傳祚千一百二十餘年三代受命未有若斯之多歷者用夏變夷於今爲烈吁嗟盛矣

琉球

琉球國居海島中直福建泉州之東自長樂梅花所開洋風利可七晝夜至距福寧溫台亦頗近然貢道必由閩縣以達京師漢唐宋不通中國隋大業三年煬帝令羽騎尉朱寬入海訪異俗遂抵流求語不通掠一人歸明年慰撫不從遣武賁郎將陳稜等率兵自義安浮海擊之至高華嶼又東行二日至鼊鼊嶼又一日至其都虜男女數千人而還其後遂絶元世祖遣使招諭不至元貞三年

福建省平章高興檄别將會百三十餘人史稱瑠球與彭湖諸島相對天氣清明望之隱約若烟霧其遠不知幾千里或云於古爲流虬地界萬濤蜿蜒若虬浮水中因名後轉謂之琉球所轄有古米太平馬齒七島諸山並隔海外不相屬　國朝洪武五年遣行人楊載齎詔往諭其國分爲三並稱王中山王察度山南王承察度山北王帕尼芝皆遣使奉表箋貢馬及方物十五年　賜中山王山南王鍍金銀印文綺使還言三王爭雄長　詔令

罷兵息民十六年　賜山北王如前例二十一年
以所獲元主次子地保奴發居琉球二十五年中
山王遣子侄及其陪臣子弟入國學
上禮遇特厚以其國往來朝貢　賜閩人善操舟
者三十六姓永樂二年中山王察度卒　詔封世
子武寧嗣王是後嗣封皆請於朝冊立弔祭禮如
朝鮮其年山南王承察度亦卒無子從弟汪應祖
攝國來請命如山北王故事　賜冠帶嗣王武寧
卒子思紹嗣九年遣使朝貢偕長史程復至表言

長史王茂輔導久乞陞國相兼長史復本中國饒
州人輔臣祖察度四十餘年不懈今年八十有一
請致仕還其鄉從之思紹卒子尚巴志嗣巴志卒
尚忠嗣正統十年琉球商舶漂至廣東香山港巡
戍欲盡戮冒功海道副使章格不可爲辨奏還其
貲十三年尚思達嗣父忠立遣使朝貢亾何思達
卒叔尚金福嗣金福卒弟布里與子志魯爭立失
其印次弟尚泰久馳奏命給泰久印嗣王時景泰
五年也先是山南王汪應祖爲其兄達勃期所弑

尋與山北併於中山其王世稱尚氏天順七年尚德嗣父泰久立卒成化七年子尚圓嗣十一年貢使還至閩恣殺掠　詔著令間歲一貢貢無過百五十人十五年尚真嗣父圓立二十二年中山王尚真以官生蔡賓等五人肄業南雍經五年咨禮部乞放回省覲以聞

上報可嘉靖二年福州府盤獲琉球夷人三十二名譯稱往暹羅置貢儀抵漳州外洋遭風會倭使宋素卿等於寧紹讐殺

上恐墮奸計命併發浙江查勘三年琉球貢使金
良等言本國先遣正議大夫鄭繩等貢方物渡海
風漂未至請先進表歸國
上報聞許之以倭使宗設等逋誅鄭繩還令齎
勑轉諭日本捕治五年尚眞卒王世子尚清上表
請封九年再申前請十一年勑給事中陳侃行人
高澄祀眞太牢封清嗣王侃等言弘治正德時脩
撰羅倫等使安南安南乞留　詔勑鎮國卽琉球
請留如安南海外遠恐煩往復乞下禮官議如安

南前格侃等至國授封王拜曰　天朝詔勑藏金
匱八葉于茲矣遂諭旨比還特遣王親寧吉長史
蔡瀚奉表謝侃等上使琉球錄言大明一統志載
琉球有落漈王居壁下聚髑髏事非實及杜氏通
典集事淵海蠃蟲錄星槎勝覽諸書亦多傳訛乞
下所錄史館從之先是其國贈侃等黃金四十兩
卻不受因附謝使奏
上以命侃等十九年長史梁梓來朝貢方物請補
造海船四號續貢聽如式自備無違例二十一年

漳州人陳貴等通番下海至琉球與潮陽海船爭
利相攻長史蔡廷美沒其貲以夜奔多掩殺其王
尚清械繫貴等七人至福建誣爲寇御史譚審列

奏
上允部覆治以通番律仍聽咨諭國王無輕與中
國商民互市明年尚清移禮部以官生梁炫等四
人學南雍踰七年乞遣歸婚娶　詔給資糧護歸
二十四年遣使來貢兼送朝鮮漂流人口初閩人
蔡璟撥賜琉球而原籍在閩二十六年其孫蔡廷

會充貢使至與給事中黃宗槩親舊通饋謁事覺
下詔獄
上念貢使姑華賞行勘三十四年尚清卒明年倭
寇浙直敗還入琉球境世子尚元發兵邀擊殲焉
得所掠金坤等六人遣廷會脩貢賚送因言貢使
須乘夏令南風迅始得歸請如三十四年例聽於
福建海口自行脩買歸舟
上嘉其忠許之　賜勑獎諭厚賚金幣三十七年
遣給事中郭汝霖行人李際春持節册封尚元爲

錄一　二　藏板

王越再歲留福州其國遣廷會謝以倭警請如正
德中封占城例領　詔册回國禮部以非故事且
無世子印文不許四十一年始竣封明年遣陪臣
鄭憲等入貢因送歸中國漂流人口且請歸本國
流移
上令檄瀕海諸路萬曆元年尚元卒四年世子尚
永嗣及永卒三十一年封尚寧嗣王如令甲三十
七年薩摩州倭侵琉球虜其王四十年遣使復脩
貢報中山王業反國海道參政石崑玉等驗貢物

雜倭產請阻回倭勢定
上從部議令貢使無入朝量收方物給賞四十四
年五月中山王尚寧遣通事蔡壓報倭造戰艦五
百餘艘脅取雞籠山島野夷雞籠淡水洋一名東番
云考風土以海氣蒸溽候煖鮮霜雪多颶風暴雨
國人深目長鼻纖嗇好潔並用色布纏首紫最貴
黄次之又次紅綠王兼五色簪以金銀差等廣袖
寛慱闊左並縞素無木綿貧者隆冬衣苧較闊加
寄屋多茅葢頃漸習陶鋪板袪塵無貴賤着草屨

入室則脫唯肅謁使客具冠履婦人以墨點手外
指爲花卉鳥獸狀髫肖童子總角不施簪珥粉黛
女工麻縷地不産銕爨用螺殼亦無農器削木爲
匙筯得異味先薦尊者居親喪数月不肉食以中
元前後日浴尸溪水去腐取骨纏以帛裹草埋土
中不起墳王及諸臣家匣骨山穴鑿木爲牖歲時
展視惟謹賦法略倣井田分土爲祿食有事始均
稅事已卽罷刑甚峻犯盜竊剗腹劓刵職官尊者
三法司卽國相率王母舅妻父任之其次有察度

論曰琉球刱見隋書爲流求序其國俗稍異王姓歡斯氏國人呼之爲可老羊妻曰多拔荼所居曰波羅檀洞羽冠毛衣編苧爲甲王乘木獸僕草縈枯以爲年歲壁下多聚髑髏質以今日風敎固殊焉元史作瑠求云水至彭湖漸低近瑠求則謂之落漈漈者水趨下不回漁舟遇颶風漂落漈回者百一自陳偘特標其妄或曰國西古米山有礁甚險舟至輒敗卽落漈也琉球及　明始通上國請封入貢與朝鮮埒漸以華風宜其丕變輒按前後

錄一　藏板

使錄爲更定之頗聞其國壓海外一岡脊無大聚落往使至斂儲偫民間甚苦以嚮慕文教矢殫其力然猶貸隣倭而後給嘉靖中即有領封會城之議情已微露矣守在四夷當事得無深慮乎

皇明象胥録二

歸安茅瑞徵伯符撰

日本

日本國原名倭在大海中憑島以居三面環水唯東北限大山山外即毛人國凡島夷百餘不與中國通漢武帝滅朝鮮使驛通漢者三十許國皆稱王其大倭王居邪馬臺一謂之邪摩堆地勢東高西下建武中倭奴國奉貢朝賀使人自稱大夫倭之極南界也桓靈間倭國亂有女子名卑彌呼年

長不嫁以妖惑衆共立爲王法甚峻侍婢千人兵衛嚴設有男弟佐治國魏景初二年倭女王遣使朝獻制詔以爲親魏倭王假金印紫綬後倭女王卑彌呼與狗奴國男王卑彌弓呼素不和相攻轉鬪帶方郡爲檄喻之卑彌呼死立男王國中不服爭誅殺乃立卑彌呼宗女壹與年十三其國遂定是後復立男王並受中國爵命晉安帝時有倭王贊四傳至武自稱使持節都督倭百濟新羅任那加羅秦韓慕韓七國諸軍事·安東大將軍倭國王

宋昇明二年表稱祖禰東征毛人五十五國爰服
衆夷六十六國渡平海北九十五國句驪無道圖
見吞竊自假授詔除武使持節都督等號倭王如
故隋開皇二十年倭王姓阿每字多利思比孤遣
使詣闕訪以風俗使者言倭王以天爲兄日爲弟
天未明聽政跏趺坐日出停理務云以委弟其誕
妄類此大業三年復朝貢使者致詞聞海西菩薩
天子興佛法故遣朝拜兼沙門数十人來學國書
云日出處天子致書日沒處天子無恙帝不悅諭

鴻臚蠻夷書無禮勿以聞明年遣文林郎裴清使倭度百濟行至竹島南望耽羅國迴在大海又東經十餘國達海岸皆倭附庸倭王設儀仗鳴鼓角迎勞復遣使隨清貢方物唐貞觀五年使來朝永徽初其王孝德獻琥珀大如斗瑪瑙若五升器時高麗百濟暴新羅賜璽書令出兵援之咸亨初王總持遣使賀平高麗後稍習華音惡倭名更號日本自以其門近日所出或云日本倭旁小國為所併冒其號長安元年其王文武遣朝臣真人粟田

來貢朝臣眞人猶唐尚書也粟田工文好學歸元
初復朝請從諸儒授經悉賞貿書歸其副朝臣仲
滿願留歷左補闕多所該識久乃還天寶十二載
復朝會新羅梗海道朝貢更繇明越州是時倭女
王曰孝明孝明再傳爲女王高野姬貞元末其王
桓武遣使來朝學子留肄業歷二十餘年宋雍熙
初日本國僧奝然與其徒五六輩浮海至獻銅器
奝然衣綠自云姓藤原氏善隸書不通華言問土
風以書對其國有五經書佛經白居易集國王以

王爲姓傳襲六十四世文武皆世官并獻本國職貢今王年代紀各一卷初主號天御中主次曰天村雲尊其後並以尊爲號凡二十三世都筑紫城神武天皇從大和州當周僖王時其後更以天皇爲號及傳應神始於百濟得中國文字傳欽明併得佛法傳用明有子七歲開悟講聖鬘經天雨曼陀羅華當隋開皇中遣使泛海至中國求法華經又傳孝德白雉四年律師道照求法至中國從三藏僧玄奘受經律論又傳文武遺粟田真人入唐

求書籍又傳白壁遺僧禮五臺山其間亦多女王凡統五畿七道三島太宗召見奝然賜紫衣聞其國一姓傳繼顧語宰相歎息久之天聖四年明州言日本貢方物不持本國表詔卻其貢熙寧後時有僧赴闕元世祖至元初遣使道高麗招諭不得要領六年命秘書監趙良弼往始同彌四郎者入朝十一年命鳳州經略使忻都等以九百艘掠其境稍拔對馬一岐宜蠻各島十四年日本遣商持金易銅錢十八年命右丞范文虎等率十萬人往

征抵五龍山遭風舟破士卒得生還者三人尋以有事交阯不復議日本亦竟不至　明興頻寇山東濱海州郡及淮安洪武二年以即位頒諭仍掠崇明四年

上遣萊州府同知趙秩泛海　賜璽書讓其王源良懷良懷言蒙古嘗訹我好語隨襲以兵其使趙姓今使者亦趙姓豈其裔耶擬兵之秩不爲動徐宣諭朝廷威德良懷氣沮遣僧隨秩表貢方物送回所擄明越人口

上亦遣僧祖闡無逸報使然其寇掠自如始令閩浙造海舟備倭德慶侯廖永忠請令沿海軍衛添輕舸巡徼從之七年來貢無表文其臣亦私貢馬及茶布刀扇所奉丞相書甚誖
上怒郤其貢已因安置所遣僧於川陝十三年丞相胡惟庸謀逆潜納倭精鋭貢艘爲應事泄著
祖訓勿復與通明年郤其僧如瑤貢命禮部以書
諭責之十六年以信國公湯和巡視海上築登萊至浙並海五十九城二十年遣江夏侯周德典築

福建並海十六城自南直山東及閩浙粵咸置行都司增屯戍嚴下海禁二十七年勑魏國公徐輝祖練浙兵海上永樂初其王源道義脩貢會對馬臺岐諸島夷数寇掠諭征捕獲渠魁以獻厚賚白金文綺予勘合百道令十年一貢使額無踰二百船止二艘勿挾兵器尋 賜金印詔冊封爲日本國王名其國鎮山碑而銘之八年源道義死命鴻臚少卿潘賜往弔祭明年倭寇磐石十五年寇浙東海上多獻日本俘遣禮部員外郎呂淵等諭還

所掠明年其王源道特遣使奉表謝罪十九年以
三千人突寇遼東總兵劉江藏其衆初江閲地形
得金線島西北望海窩勢高峻扼海咽喉特爲增
築及偵倭至伏兵山下别遣奇兵焚舟斷其歸路
倭中伏擒斬且盡江以功封廣寧伯自是倭不敢
復窺遼宣德初以倭貢踰約申定格例然倭自得
我勘合多指稱貢舶藏兵刃備謹即貢備弛即掠
貢即愆期所司不敢深摘聽抵 京師宴賚市易
飽飫而去稍覘疎防蹈瑕殺擄捆載固未已也正

統後海上防漸疎四年倭船四十餘夜入大嵩港
轉破昌國衛城恣焚掠於是申嚴斥堠合兵分番
沿海寇盜稍戢成化二年連寇大嵩四年鄞人林
從傑等三輩轉掠爲通事隨倭使入貢奏乞歸省
許之仍禁勾引通番十三年倭忽至寧波覘有備
詭云脩貢康吉士楊守陳貽書主客極言倭借貢
蓄奸請得謝絶不從正德四年其王源義澄遣宋
素卿來貢素卿者故鄞人朱縞也弘治中遁歸倭
有寵于其王僞充正使其叔朱澄識之守臣覺發

以厚賂巨璫劉瑾置不問令還諭王無盜邊因求
祀孔子儀注不許嘉靖二年素卿再至時其王源
義植孱闇諸島強請勘合爭入貢邀利左京兆大
大藝與遣僧宗設右京兆大夫高國遣僧瑞佐及
素卿踵及寧波故事凡番貢至閱貨宴席並以報
至先後爲序素卿狡賄市舶中官賴恩攙閱瑞佐
貨及宴又引坐宗設上席間爭長相讐殺而宗設
黨盛尾追素卿及紹興臨城索不得遂躪旁邑殺
備倭都指揮劉錦去已因漂入朝鮮其王李懌得

錄二

二倭獻

上以臺省糾叅下素卿獄幷二倭繫論並瘐死特遣給事中劉穆往浙體訪兼飭武備四年縱日本僧紗賀等歸國諭其王捕宗設九年琉球請封道日本附表乞貰素卿幷懇新勘合脩貢禮部驗表文無印請勅琉球傳諭自是絕貢者十七年尋再至以違格罷初方國珍張士誠分據溫台寧紹諸郡並瀕海及巳降滅而餘黨遁海上輒糾島倭入寇以故洪武中瀕海州郡數中倭

藏板

高皇帝業增置戍守又命南雄侯趙庸招集蛋戶
漁丁之族自淮浙暨閩廣幾萬人悉藉爲兵於是
海上羣惡少皆仰給縣官而方張餘黨亦以次老
死瀕海因得息肩永樂西洋之役華人習知海外
饒有琛怪既生艷慕而貢夷往來益習我海道曲
折糾引蔓附剽寇復起至是以科臣言併罷市舶
而利孔反爲奸商所竊每番船至以虛詞餂取轉
展賒負絕不償直久乃投豪貴家豪貴家侵牟賒
奸商逾甚番人坐索動以危言撼當路驅逐又先

期漏語使逸以示德陰握全利其後番人聞而飲恨盤據海洋必刼有其貲蓄乃已而亾命不逞强有力者復入海聚衆爲舶主行賈閩浙以財役屬勇悍倭闌入互市乘機剽掠如許棟王直徐海實繁有徒海上因之多事焚刼寧台幾無寧歲矣二十六年始設浙江巡撫都御史兼領興福漳泉治兵捕賊以朱紈爲之紈清勁果於任事日夜詰兵嚴糾察根株通海窩穴遂擣雙嶼擒巨酋許棟因上章鐫暴二三渠魁侵豪貴諸豪屏息切齒亡何

諷臺省奏改紈爲廵視竟以專殺奪官幷下紈同
事海道副使柯喬都指揮盧鏜于理訹紈飲藥自
殺兼弛海禁而東南瀕海寇益恣無敢呵者三十
年王直突入定海關明年壬子倭犯台州破黄巖
縣自象山流刼郡邑復簡都御史王忬廵視浙江
及與福漳泉海道添設叅將二員以都指揮俞大
猷湯克寛分浙閩轂勳而幕府久廢兵政積弛士
柔脆不習戰鬬忬至請假事權募梟勇徵狼土諸
兵規畫稍定明年癸丑倭犯温州大猷冒險出洋

擣穴羣賊駭散徃突克寬統部卒東西馳擊頗獲首功而賊勢張甚王直各部擁漳廣羣盜合島倭連艦百餘破南滙所薄太倉入上海遂圍海鹽掠平湖陷昌國衛臨山所再攻海寧衛破乍浦延及寧海奉化諸邑凡畱內地三月所在焚蕩西犯松陽北侵海州而福寧秦嶼所亦遭寇頃之以兵科奏改忬廵撫提督軍務湯克寬以副總兵屯金山忬薦盧鏜代以俞大猷總浙直兵時任環以雄略自府同知擢備兵蘇松松陽令羅拱宸亦以知兵

超陞浙憲也其秋倭流刧興化擊卻之宅部據南沙踰五月明年甲寅春潰圍出嚙蘸松旁邑北掠通州如皐海門攻兵部侍郎屠大山爲應天都御史亦以巡撫兼提督倭續自南沙登岸湯克寬敗之搽淘港而俞大猷勦普陀倭爲所乘叅將盧鏜禦之嘉興再戰孟家堰亦敗遂陷嘉善焚運艘轉攻嘉興府因我師迎擊遁乍浦合長沙灣寇且東掠崇明而慈谿忽報地湧血尺餘本兵條上方略始議重賞招巨酋王直矣兵科疏駁

上是之命一意主勦是時
天子蒿目東南特採廷臣言命南京兵部尚書張
經開府總督直浙福廣山東軍務經故嘗督兩廣
著績會議徵狼土兵扼倭乃用經節制當天下半
得辟召叅佐便宜從事經亦慷慨以盪寇自負中
外企踵謂倭旦晚可盡也亡何都御史王忬改撫
山西代以徐州兵備李天龍忬規度浙閩頗有緒
以弛擔中輟而經以留京遙制鞭長不及羽檄征
調不能猝佐緩亟再奉嚴旨專閫所起宿將何卿

沈希儀等又嚄唶不爲用以是訖無成功始倭還屯柘林進薄嘉定參將李逢時募山東槍手六千人適至敗之新涇橋追奔中伏復潰　詔逮屠大山褫爲民改張經右都御史專總督而倭連犯海門金山青村所續至萬餘流突樂清黃岩諸縣柘林倭且分掠嘉湖我師禦之窰墩失利是歲量蠲被倭郡邑田租罷浙歲貢魚鮮而倭據川沙窪柘林爲穴明年乙卯柘林倭奪舟犯乍浦陷崇德轉掠湖州新倭日增唯兵備任環督舟師敗之南沙

斬級百餘會所調田州瓦氏等狼土兵至蘇人心
稍定而工部侍郎趙文華且報祀海神督察江南
也文華故事輔臣嚴嵩兼挾
上寵欲顧指督臣經出其上經自以宿望不爲意
心嗛之時狼土兵新集鋭請擊倭趨利文華促經
經欲候所徵永保兵并力以文華佻妟不敢漏師
期而江北三丈浦川沙窪倭報日至文華以經固
老師觀望也亡何柘林倭三千餘瞷金山俞大猷
迎擊大潰遂犯嘉興時永保兵則已集軍門矣經

遂遣叅將盧鏜等督狼土等兵水陸邀擊石塘灣倭敗奔平望回走王江涇副總兵俞大猷以永保兵夾擊遂大敗之共斬級千九百八十有奇溺死無算倭大氣奪而

上入文華言業遣緹騎逮經捷聞兵科留經乘勢進擣

上惑相嵩歸功文華及御史胡宗憲　賜金幣經功自如不爲貴經去而軍中解體尋以應天都御史周珫代珫罷改户部侍郎楊宜並罷解無將略

倭勢復張項之任環及俞大猷等攻倭陸涇垻斬級二百七十有奇焚舟三十時柘林白茆三丈浦倭並奪舟遁我師邀擊多擒斬宅倭百餘從會稽高埠流刼杭歙直趨南京已又徐從宜興轉入滸墅應天都御史曹邦輔督師殲焉趙文華計攘首功瞷柘林餘倭穴陶宅大集浙直兵會勦失利已而倭遁周浦突閘與川沙窪倭合我師邀擊破之文華遽報蕩平歸朝而浙福都御史李天寵建訊與張經並死西市以宗憲代皆文華之爲也是歲

日照莆田福清並有倭警明年丙辰以文華言遂
擢宗憲代宜總督倭聚新場任環督永保兵進勦
再潰因逮曹邦輔謫戍邊尋以參政阮鶚代宗憲
督軍務而倭憏掠慈谿巨酋徐海率衆復大至一由
海門一由松江一由定海關而海自擁部萬餘導
所窟柘林酋陳東併兵逼乍浦已聞督撫移師遂
從硤石趨皂林鶚以輕舸馳入桐鄉令河朔將宗
禮引所部兵九百遮倭擊殺數百人海為辟易以
援絕火藥盡前迫橋陷與驍將霍貫道俱死之倭

遂乘勝圍桐鄉急引撞竿撞城城幾壞城上人以緡索挽上斷竿又煑鐵汁灌城下所以堅守百方倭稍卻亦會總督閒使人持重賂說海罷圍且疑陳東以携其交海驟道崇德西遯東留攻一日勢孤亦引去桐鄉圍始觧而趙文華復以尚書督師始文華言江南殘倭易殄頃更蔓延

上覺其欺相嵩爲營特遣巳至浙則與宗憲圖襲海宗憲日夜啗海金帛徉約擊吳淞江倭縱奪舟去以遲援兵之集諜聞海麾下書記酋葉麻最黠

効遂留洲往諭各島別遣養子王激毛臣先後投
款宗憲結以重賂且令間説徐海已而遣諭直降
爲置司海上通互市直亦自分能力主島夷欲詣
宗憲面相結謬以豊洲王入貢爲名泊岑港宗憲
又厚餽遺遣指揮夏正等爲死間直遂挺身入杭
州宗憲曲諭直佯羈獄具疏聞上不敢深悉其故
廷議以直元兇坐棄市宗憲得加太子太保餘遷
賞有差而直黨三千人竄據岑港及舟山遂流刧
浙東江北蔓延閩粤時阮鶚以都御史移撫閩而

倭掠泰州淮安入寶應叅將劉顯率苗兵敗之東
鄉多焚溺明年戊午倭犯興泉境遂陷福清南安
以岑港倭阻守奪總兵俞大猷秩命兵部郎中唐
順之視師浙直明年巳未倭流刼揭陽福安及浙
西象山攻桃渚所而岑港倭自柯梅趨泉州浯嶼
閩人大譁宗憲縱寇　詔逮大猷郎訊尋釋立功
江北倭數道入都御史李遂馳如皐部諸將無令
越天長爪儀尾及廟灣絶地督兵圍勦遂大破之
斬級八百有餘巳又遣劉顯殲倭劉家庄自壬子

倭入黃岩至是首尾八年江南北略平浯嶼倭亦旋遁總督胡宗憲用間力爲多四十一年以言官論劾逮宗憲至京尋釋之罷浙福總督而閩倭復告急初倭阻寧德之橫嶼連營負險參將戚繼光至令人持束草塡河進力戰斬級二千六百餘生擒踰九十乘勝勦福清倭復破之因引兵還浙遇倭自東營澳登岸迎斬百八十級遂去而倭勢轉熾明年進薄興化城攻圍匝月參將劉顯頓兵不敢進及城陷復命繼光及俞大猷馳援時倭巢平

海衛欲逸爲俞大猷所扼與繼光夾擊縱火糜巢
中仙遊連江諸寇悉平倭盡走廣東界方繼光抵
福清父老請師期繼光曰吾遠來疲甚且休矣偵
者歸語弛不爲備其夕銜枚疾馳三十里黎明逼
其巢大呼縱擊倭披靡莫敢枝梧巳破倭歸邑人
未知兵出也廣東倭屯潮之烏石爲俞大猷所破
逃至甲子門將入海風暴盡溺餘衆二千留屯海
豐大猷圍之食盡思遁副總兵湯克寬伏兵擒勦
且盡倭患遂息維時四十三年計海氛踰一紀始

靖而受害浙最劇次南直次閩又次粵城邑燼於兵火子女窘於攘敓行齎居送累鉅萬萬東南脂髓幾於盡吸而倭亦連舶不獲返然卒海上奸氓爭以入寇之利餌倭中無賴少年藉爲前行推波鼓醆其間眞倭僅十之一二絶與其國王不相聞前遣蔣洲至豐後島轉諭山口所據山口都督源義長及豐後太守源義鎮並具咨表貢方物謝罪堇擒其使令浙藩司移咨義鎮等轉諭王鈐束亦杳無報命者自是海上封守益密日本遂絶朝貢

隆慶時海寇曾一本等勾引犯閩粤我亦嚴備旋
及撲滅非復飈發如嘉靖之季矣萬曆二十年倭
酋關白平秀吉簒立遣酋清正行長侵朝鮮猝陷
慶尚道掠開城繞出平壤西其王昖令次子琿攝
國事走義州求内屬命兵部侍郎宋應昌督總兵
李如松等勒兵七萬往援明年春戰平壤攻牡丹
臺大破之得級千二百八十五倭奔王京我師呤
地碧蹄中伏敗衄已申款倭棄王京棲釜山朝鮮
王遂復國因撤師渡江歸又明年議封秀吉爲日

本王倭中變又明年復命總督侍郎邢玠經略以
總兵麻貴濟師都御史楊鎬特開府天津經理朝
鮮倭酋清正屯蔚山與釜山倭犄角我師至則圍
蔚山絶餉道倭饑佯約降而行長從釜山聲援張
虛幟蔽江我師遽撤爲倭襲擊大潰時戊戌正月
也會别將陳璘劉綎先後至分水陸四路進勦稍
有斬獲明年九月秀吉死遮擊歸倭以捷聞凡拮
据八年而後定其後對馬島倭與朝鮮復私欵三
十七年倭酋玄蘇等稱奉國王源秀忠命假道朝

鮮修貢是時薩摩州倭并琉球轂取雞籠淡水噬閩廣四十年冒琉球入貢卻之明年倭酋平義智請貢路　詔飭防海上四十四年三月肥前州歸我把總董伯起初議封平秀吉或云日本王見仕山城關白名號如漢大將軍秀吉死遺孤秀賴甫七齡爲娶巨酋家康女孫令家康協輔與薩摩州太守平義弘抗不相下頃家康故自長岐島外勢頗携始家康搁焉窺南鄙而長歧之酋曰等安即桃員者得罪家康懼爲所滅請取東番自贖遂令

次子秋安遂犯闕之東溺大金尋家康死而局中變或云家康傳位其子秀忠稱新關白其詳不可深考然聞薩摩州於倭諸島兵最勁俗喜鬬以艮死爲無勇諸島皆憚其鋭前此入寇亦多薩摩肥後長門三州人巨酋陳東即薩摩州王弟之書記也次則大隅筑前筑後博多日向及豐前豐後和泉諸島日本主以山城爲都山城君號令久不行金印勘合向入山口自山口亾并不知所歸諸島酋長競相攻強則役屬嘉靖時豐後爲大兼有肥

後等六島及平秀吉雄據六十六州今亦寖微國中殆無常尊云大抵倭船之來利東北風唯清明後爲多而重陽後間有之故防海以三四五月爲大汛九十月爲小汛其帆檣所指一眎風候有備者勝按胡松海圖説曰始倭通中國自遼東今乃從南道浮海率自温州寧波入其西北至高麗必由對馬島開洋順風僅一二日南至琉球必由薩摩州開洋順風七日其貢使之來必由博多開洋歷五島入中國以造舟水手俱在焉若入寇則隨

風所之東北風猛則由薩摩或五島至大小琉球而仍視風之變北多則犯廣東東多則犯福建若正東風猛則必由五島歷天堂官渡水而視變遷東北多則至烏沙門分䑸或過韭山海閘門而犯温州或由舟山之南而犯定海犯象山奉化犯昌國台州正東風多則至李西嶴壁下陳錢分䑸或由洋山之南而犯臨觀錢塘或由洋山之北而犯青村南滙犯太倉或過南沙而入大江若在大洋而風歘東南則犯淮揚登萊若在五島開洋而南

風方猛則趨遼陽趨天津其大較若此矣性輕生
好鈔掠尨躭麯蘖觧奕棊及雙陸略通草書男子
魋頭斷髮黥面文身婦人被髮屈紒衣如單被穿
其中以貫頭皆跣足間用履板屋布地以砂所佩
刀極犀利每戰赤體單列提刀突前爲蝴蝶陣以
揮扇吹海螺爲號工設伏船製大者容三百人然
單艦遇巨艦難於仰攻且苦犂沉廣福船皆所畏
洋水鹹不可飲其來開洋必取水五島抵中國境
復停船換水土温燠宜禾稻產金銀琉璃水晶硫

黄水銀銅鐵白珠青玉蘇木胡椒細絹花布螺鈿
灑金漆器扇犀象刀劍互市華人喜得錦綺絲綿
磁針貢道故由寧波今以絶而通番人日衆
論曰史稱倭在會稽之東昔夏少康有子封會稽
斷髮文身以避蛟龍之害今倭好沉沒取魚亦文
身厭水禽俗殆近之魏志次倭旁國夥矣其云始
渡海千餘里至對馬國今倭島名對馬近朝鮮豈
卽其遺域與往海上國凡百餘統以大倭王塡諸
島各爲雄長山城君寄空名其上意略似而強弱

不類然倭自通中國歷二千有餘載或貢或否不
聞躙及內地而獨發難　本朝至嘉靖季沿海郡
邑焚刦略盡則皆華人嚮導而通番之爲祟烈也
鄭端簡謂市舶不可罷江南海夷有市舶所以禁
海賈而抑奸商而俞大猷言倭市僅刀扇我獲利
薄又易蔓禍
高皇帝禁通貢意甚遠唯察風候而以舟師扼之
鯨波乃爲長畫大猷以信國裔習海上事當有徵
矣即胡宗憲執訊獲醜洵有大造東南比於朱紈

猶爲焦爛餘智策倭今日𧺫亦審所畫哉

皇明象胥録三

歸安茅瑞徵伯符撰

安南

安南古交阯地記云南方曰蠻雕題交阯其俗男女同川而浴故名焉書所謂南交者也自楚朝貢百越秦并天下開嶺表置南海桂林象郡漢初南海尉趙佗擊併旁郡地自立爲南越王因以兵威役屬閩越西甌駱傳五世至武帝元鼎五年討其相呂嘉滅之分置交阯九真日南凡九郡領以交

阯刺史光武中興錫光任延爲守始教民耕稼婣
娶制冠履漸置學校建武十六年交阯女子徵側
徵貳反伏波將軍馬援討平之界以銅柱後置交
州領交阯等七郡漢末象林縣稍割據爲林邑國
吳分其地置廣州徙治龍編隋廢郡置州大業初
復置交阯郡史稱南海交阯各一都會也近海饒
犀象瑇瑁珠璣賈至率取富其人尚信輕死重賄
力農刻木爲符契唐武德中攺交州總管府至德
中攺安南都護府隸五筦安南之名自此始宣宗

時南詔寇安南陷都護府懿宗咸通四年併陷安南梁貞明中土豪曲承美竊據送欵士何南漢劉隱執承美署其將楊延藝交阯節度使傳子紹州將吳昌岌代之乾德初骨内爭立大亂延藝牙將丁公著其子部領攝驩州刺史與子璉擊定亂者推爲帥宋平嶺表璉貢方物内附詔授安南都護併封部領交阯郡王太宗時璉弟璿嗣大將黎桓遷别第代總其衆太平興國五年秋詔發兵分道入討陸路自邕州水路自廣州明年春破賊白藤

江桓詐降誘殺轉運使侯仁寶遂班師雍熙二年桓因來貢求節鎮明年以爲安南都護淳化四年進交阯郡王而桓數剽掠欽邕二州眞宗即位進桓南平王景德三年桓死立中子龍鉞爲弟龍廷所殺權留後即拜龍廷交阯郡王賜名至忠大中祥符三年求市邕州以瀕海苦侵寇令仍於廉州及如洪砦互市至忠尋爲大校李公蘊所逐從蠻俗封如桓進南平王子德政嗣廣源州蠻儂智高反德政欲由水路率兵二萬助王師優賜卻之

德政死于日尊嗣嘉祐中寇欽邕二州安撫使余
靖等遣諜誘占城同廣南西路兵趨交阯惶怖謝
罪爲罷兵熙寧二年日尊虜占城王自帝其國號
大越五年死子乾德嗣寇陷欽廉二州遣將郭逵
致討敗其兵富良江擒僞太子洪真乾德懼奉表
軍門請割地獻款詔邕欽民刼遷炎阪倏還界即
以前廣源等地賜交州然廣源舊隸邕管非交阯
有也政和末特弛互市禁乾德子陽煥陽煥子天
祚各嗣封如制乾德側室子奔大理與天祚爭立

欲假兵納不許淳熙元年進封天祚安南國王尋
賜安南國印及曆日安南以國號始於此矣天祚
傳子龍翰及孫昊旵無嗣以女昭聖主國遂爲婿
陳日煚所襲李氏自公蘊至昊旵凡八傳二百二
十餘年而國亡日煚故長樂人謝升卿美丰姿識
書王女從窓隙窺悅而歸之竟王其國元已破蜀
平大理兵次交阯北先遣使招諭以阿朮率銳師
乘勝逼國都日煚跳匿海島屠城夷宮廟留九日
鬱蒸引去日煚歸見故國殘燼大憤表宋傳位長

子威晃元破宋威晃易名光昺請遣子弟爲質二
年一貢世祖封光昺安南國王仍以達魯花赤佩
虎符往來國中至元初賜曆頒改元詔四年以六
事督攝甚備兼索回鶻賈是歲封皇子爲安南王
出鎮大理鄯闡交阯諸國光昺卒國人立世子日
烜貢方物馴象十八年立安南宣慰司以日烜叔
遺愛入覲即令代王然不克納二十年討占城諭
交阯助兵糧行省右丞唆都言交阯與眞臘占城
雲南暹緬諸國接壤屯戍因餉可省海道轉輸二

十二年鎮南王征占城經近境日烜調兵拒守遂攻敗之渡富良江日烜棄城遁弟益稷降蒙古退屯思明州明年大舉以陳益稷自拔來歸封安南國王奉陳祀命鎮南王脫驩左丞相阿里海牙以兵納之湖南宣慰司言連歲征日本占城賦煩重因輟役二十四年置征交阯行尚書省以萬人由西道永平以萬人由東道女兒關進擊之日烜及其子走入海師還進金人謝罪尋卒子日燇不入朝復議征會成宗即位報罷至大四年世子陳日

会遣使來朝其後貢獻不絕凡三世不稱王亦不請封取羈縻而已　明興天下略定世子陳日煃聞征南將軍廖永忠等踰嶺降何真定廣東西愳欲納款以梁王在雲南未决會遣漢陽知府易濟諭安南洪武二年令其臣黎安世等來朝貢且請封爵　詔侍讀學士張以寧典簿牛諒往封爲安南國王　賜駝紐塗金銀印幷大統曆文綺以寧等抵境而日煃先卒弟日熞嗣迎請誥印以寧不可護詔境上別遣陪臣杜舜卿等請命先是占城

縻役安南寖强與抗日熞數遣兵擊之占城來告急命編修羅復仁主事張福持詔令各罷兵復仁還奏安南王以黃金吉貝布贈使者郤不受

上進復仁等官加賜其使三年遣使祀其國山川安南使杜舜卿等以日熞卒告哀請命

上素服御西華門召見命編脩王廉往祭尋遣主事林唐臣充頒封使封日熞安南國王四年表謝貢方物遣員外郎吳伯宗報之其冬日熞兄叔明篡立五年貢馴象蓄情頗秘禮部已受表主事曾

曾取視其副曰前王陳日煃今叔明何也自尚書
詰之以寔奏
上怒郤貢卽日拜曾禮部侍郎六年叔明更奉表
謝罪請封使者言日煃實病死國人願立叔明
詔以前王印視事後能塡撫人民更議之七年表
謝稱老願授政弟端報可然叔明實專制國中八
年命中書省諭安南等國三年一朝貢王立則世
見十一年叔明來告端喪弟煒署國事十二年禮
部尚書朱夢炎奏定使安南禮凡使者抵境王遣

人郊迎設香案身率僚屬至館鼓吹前導使者從
至王府立龍亭左王與僚屬行五拜三叩頭禮使
與王抗王居其右時安南以詔故陽罷兵占城而
疆吏寇剽不已思明府亦來言安南攻其永平等
寨
上以書詰煒勑廣西布政司無納安南貢久之德
明死二十一年煒爲國相黎一元幽城外尋遇弒
立叔明子日焜主國一元又名季犛叔明婿也二
十二年假煒名貢二十五年以安南弒君不道詔

絕之明年遣禮部尚書任亨太御史嚴震直諭出
兵討龍州趙宗壽二十九年日焜始以叔明喪來
告
上謂叔明弑日煃有其國今一元踵弑煒勅禮部
無予慰恬亂時日焜頗侵思明府地三十年遣行
人陳誠呂讓諭還所侵丘温等五縣不聽日焜旋
亦為季犛弑陳氏傳十二世至日焜而黎氏篡立
大誅戮陳宗自謂舜裔胡公滿後更姓名胡一元
子蒼易名查僭稱帝境內而一元為太上皇國號

大虞紀元天聖永樂元年賀卽位許表陳氏絕查
爲陳甥求權署國事遣行人楊渤往廉之還以耆
老表上與查合遂命禮部郎中夏止善往封爲安
南國王二年表謝還思明府侵地勅無阻占城貢
道併還思明府所轄西平祿州永平寨會安南故
臣裴伯耆詣闕奏黎季犛世事陳氏任心膂一旦
覆陳宗易姓改元大逆無道臣祖父事陳項禦寇
海上而季犛篡弑因附番舶告急 陛下幸念陳
氏忠順旅舉伏願負弩爲士卒先

上憫之令所司給衣食而老撾宣慰司護送前安南王孫陳天平亦至奏臣係故安南王烜裔孫世事上國傳至煒賊臣黎季犛擅威福輒推刃煒而立顒顒即日焜也亡何更弒顒立子竂在襁褓復弒之自立其子蒼誅夷宗族且盡興滅繼絕唯天王留意焉

上引見賜第月給廩與伯耆俱其冬安南賀正旦使者至

上出天平示之使者識其故王孫也錯愕下拜至

垂涕伯耆責以大義惶恐不能對三年命御史李
椅行人王樞齎勑切責安南國王奎令以實聞奎
遣使阮景眞等隨表謝詭迎天平并還祿州諸寨
地
上命行人聶聰往申約勑廣西副總兵黃中呂毅
將兵五千及大理卿薛嵓送天平歸國封胡奎順
化郡公四年天平至丘溫奎遣陪臣供饋犒師
見天平皆拜舞踊躍問奎以疾觧遣騎覘之壺漿
相望遂前度隘留雞陵二關將抵芹站山險林稠

且雨潦軍行不成列忽大呼伏發刼殺天平及部
去中等亟整兵擊之橋已斷因引還奏狀
上大怒決意南伐七月以成國公朱能佩征夷將
軍印充總兵官西平侯沐晟爲左副將軍新城侯
張輔爲右副將軍豐城侯李彬爲左叅將雲陽侯
陳旭爲右叅將率神機將軍程寬等凡二十五將
軍兵部尚書劉儁叅贊戎務尚書黃福大理寺卿
陳洽督餉發步騎舟師及土舍達官八十萬人討
季犛大將軍右副將軍等統京衛荆湖閩浙廣東

西兵出廣西憑祥州左副將軍等統巴蜀建昌雲
貴兵出雲南蒙自縣
上親幸龍江禡祭并責黃中等立功别勑占城王
擾其境師次龍州遣行人朱勸往諭季犛父子聽
以金鑄身贖罪不從十月能以疾留副將軍輔發
憑祥入安南境傳檄聲罪遂破三萬衆度雞陵關
諜芹站南傍並有伏遣鷹揚將軍呂毅等搜捕
至昌江造浮橋濟師屯新福縣副將軍晟亦率雲
南兵至白鶴江來會

上聞成國公能率命輔盡護諸將時賊恃僞東西都及宣洮沱富良各涵爲固緣江樹柵築土城綿亘九百餘里又於富良江南崖置樁水中列戰艦防攻擊兩都亦嚴備列象馬守險以老我師輔等遂自新福移營三帶州造舟圖進取十二月副將軍晟奪宣江而軍次洮江北岸與多邦城對壘將軍輔遣叅將陳旭會晟濟師驃騎將軍朱榮等大破賊嘉林江將軍輔留都督高士文舟師應榮身率大兵與副將軍合沿江柵皆逼水唯多邦城下

沙坦可駐師而賊設備峇下設重壕壕內外布簽
剌輔部署既定夜四鼓遣都督黃中等御校昇攻
具過重濠至西南城下以雲梯附城蟻引上忽舉
火銅角齊鳴賊披靡驅象巷戰遊擊將軍朱廣等
以畫獅蒙馬神機銃翼而前象股栗奔突賊大潰
蹂躪鹵獲無算遂進克東西都五年正月將軍輔
晟等襲賊籌江柵大破之又攻萬刧江普賴山凡
斬首三萬七千餘級招撫諒江東潮相繼附諜報
季犛及子澄聚舟黃江遂水陸並進至木丸江賊

舟膠乂大破之窮追至悶海口地下溫乃徉引退
賊追躡富良江舟亘十餘里橫截江中而用剗船
載木立柵迎拒輔率衆力戰賊不支都督柳升等
以舟師橫擊殲賊數萬江水爲赤乘勝抵悶海口
季犛父子以小舟走乂安升引兵出奇羅海口永
定衛卒王柴胡七人詗得季犛所縛送升軍併得
其子澄士人武如卿等獲僞大虞皇帝黎蒼僞太
子黎芮等安南平　詔求陳氏後無存者輔等同
父老合辭請郡縣視内地乃置交阯布政使司及

都指揮按察司分府十七曰交州北江諒江三江建平新安建昌奉化清化宣化太原鎮蠻諒山新平乂安順化升華州四十七縣一百五十七衛十一守禦千户所三市舶司一以尚書黃福掌布按二司事都指揮使司以呂毅黃中掌之前歸附裴伯耆爲按察副使改雞陵爲鎮夷關安撫人民三百二十一萬有奇凡獲蠻人二百八萬七千五百糧一千三百六十萬石舟八千六百七十七艘象馬牛十三萬五千九百軍器二百五十三萬九千

九月獻俘闕下
上御奉天門讀露布面詰季犛父子頓首請死罪
下之獄勑訪交阯人才禮送赴京因以明經甘潤
祖等十一人爲諒江等府同知六年總兵官張輔
等凱旋上交阯地圖凡東西相距一千七百六十
里南北相距二千八百里　賜宴中軍都督府制
詔新城侯輔功最大西平侯晟次之進封輔英國
公晟黔國公都督柳升封安遠伯黄中呂毅得贖
罪餘手捕黎季犛及蒼授官三品而交人簡定復

反簡定者陳氏故臣從下交南爲副將頗有功因
上意不復立陳氏與所親陳希葛走與化州說羣
盜鄧悉等下之聚衆萬餘南合慈威蠻剽州邑勢
轉盛遂僭號八月鎮守尚書黃福以聞命發滇蜀
兵四萬屬黔國公晟進討兵部尚書劉儁贊軍事
十二月及定戰於生厥江敗績都督呂毅尚書劉
儁參政劉昱並死之賊漸逼交州七年大發兵復
拜英國公輔爲征夷將軍五月簡定稱上皇立陳
季擴爲大越皇帝改元重光八月大破賊鹹子關

尋又敗之盧渡江及太平海口窮追至美良獲簡定并僞將相陳希葛等八年正月送京師磔于市輔逐捕餘黨阮師檜于東潮州斬首五千級獲僞將軍范支等二千人悉坑之築京觀

天子念久暴師　召輔還朝以征夷將軍麾下益晟期盡賊五月晟擊破季擴於雹長海口十一月請降

上幸許以爲交阯右布政使其黨鄧景異等各授官然季擴特詐言緩師掠如故九年　詔英國公

輔充征虜副將軍往會晟二月赦交阯停徵課稅三年七月破賊於九眞州月常江尋又破之海上慈廉福安諸州縣皆復十年八月大破賊於神投海口十月又破賊西心江僞少保潘季祐遁可雷山乞降輔承制以爲按察副使其將帥相繼降十一年十二月輔等大破賊於愛子江賊驅象衝突前鋒發矢落其象奴還奔自相蹂藉季擴走追擒之老撾十二年八月檻送京伏誅交阯復平宴犒南征將士　賜英國公輔黔國公晟金鈔有差始

安南民不忍棄陳王而季擴詭陳王後以惑衆勢重於簡定故征之數年而後克或云季擴卽定從子行也卞何釋黎季犛戍廣西而子澄以善神鎗且累官工部尚書別賜姓氏矣自英國公輔下交南凡三獲僞王威震西南夷遂以征夷將軍留鎮其地十四年　召輔還以豐城侯李彬代別遣中使馬騏監軍定歲貢扇萬柄翠羽萬箇騏墨而殘交人怨叛者蠭起十六年正月清化土官巡簡黎利反利善戰挾計數初從季擴爲金吾將軍後來

降授土巡簡因輔召還後人心不甚德中朝遂自
稱平定王以弟黎石爲相國結老撾縱剽豐城侯
彬遣參將朱廣等討捕斬級六百利遁去而攻掠
自如十七年巡按交阯御史黄宗載言交阯新入
版圖而郡縣多兩廣雲南舉貢未歷國學遂授遠
方以致撫字乖方若候九年黜陟轉多廢弛宜令
到任二年以上從巡按御史及布按二司嚴覈廉
汚黜陟報可十八年交阯參政侯保馮貴討黎利
死之十九年豐城侯彬請屯田言利奔老撾

上諭老撾匿賊持兩端其詰之是歲給事中柯暹
御史何通等以許工部尚書李慶慶陽薦暹等堪
牧民並爲交阯知州二十二年
仁宗卽位遣中使山壽諭利以爲凊化知府召黄
福還以兵部尚書陳洽代福居交阯十八年有威
惠爲衆憚服旣去而交人益携中使馬騏還京未
幾矯旨下内閣勑往交阯辦金銀珠香内閣覆奏
上正色曰朕安得此言渠在交阯荼毒軍民卿等
不聞耶然亦不誅騏也利攻茶籠守臣琴彭堅守

不下其冬改大理寺卿楊時習爲交阯按察使洪熙元年二月以榮昌伯陳智爲征夷副將軍討利

六月

宣宗即位勑智及都督方政亟進勦智逗遛不前茶籠潰琴彭戰死而宣化賊合雲南寧遠州紅衣賊縱掠皆遁受利節度宣德元年二月智等擊利於茶籠州敗績四月命成山侯王通佩征夷將軍印充總兵官都督馬瑛充叅將發步騎十餘萬進討尚書陳洽仍叅軍事陳智方政白衣隷軍中自

劾時交阯連歲用兵中國疲奔命自
仁宗雅屬意招撫
上罷朝御文華殿顧語侍臣蹇義夏原吉楊士奇
楊榮以郡縣安南非
太宗意欲如洪永初使自爲國奉常貢與民休息
唯士奇榮議與
上恊然語秘不令外廷知也五月赦交阯有罪者
九月以廣西兵五千益王通十月黎利弟善據廣
威州遂擁衆數十萬分道攻交阯城拒郤之十一

月參將瑛大破賊於清威至石室縣與成山侯通
合兵進屯寧橋諸將言地險惡宜遠斥堠持重通
不從麾衆渡天雨泥濘伏驟起衝盪遂大敗尚書
陳洽死之黎利方從乂安引精兵來會圍東關通
敗後氣大沮喪陰許爲利乞封緩攻十二月以成
山侯通告急命安遠侯柳升充征虜副將軍又副
以保定伯梁銘都督崔聚爲右參將由廣西黔國
公沐晟充征南將軍與安伯徐亨永寧伯譚忠爲
左右副將軍由雲南兩道擊賊兵部尚書李慶參

錄三 藏板

贊軍務召黃福於南京令仍掌交阯布按二司事二年黎利來攻成山侯日夜訓練得精銳五千出不意擊利大破之斬僞司空丁禮僞司徒黎豸等萬餘級利愳不能軍諸將請乘勝追擊而通猶豫不决賊得以暇脩械固壘勢復張三月圍丘温都指揮孫聚拒破之勑調原下西洋銃卒及湖廣四川各省都司兵四萬五千餘益征南征虜兩將軍四月利以八萬衆破昌江城都指揮李任等力鬬死中使馮智及知府劉子輔等俱自縊成山侯通

斂兵不出利書來請和通輒許清化迤南地獨按
察使楊時習不可通厲聲叱之遂遣人同利使表
貢方物九月安遠侯升等師次隘留關利復具書
詣軍門乞罷兵立陳氏後曰暠者主其地升不敵
封奏聞趣兵進長驅至鎮夷關心易之保定伯銘
尚書慶並病瘴暑寢劇幕屬郎中史安等言慶曰
主帥意頗驕而夷多譎不據險何以待敵慶力疾
語升升唯唯前抵倒馬坡獨以百餘騎馳度橋橋
壞陷淖伏四起中鏢死銘慶亦繼歿都督聚進兵

至昌江軍中新失帥氣不振賊大驅象前突師潰聚與史安等俱被執死之凡七萬衆靡有孑遺惟尚書福在行交人擁泣曰吾父也向不北歸何至是護抵龍州而黔國公晟兵竟阻不進十月成山侯通諜知升敗益懇更唱利金綺予盟退師而前遣使表貢方物及利所具升書請立陳氏者抵京
上覽表以示羣臣顧英國公輔曰將奈何輔曰安遠成山侯非將也而少發兵少發兵不足以制敵臣請行以一年擒利

上爲默然大學士士奇榮等言
太宗三下交南中國士馬虧損累萬轉漕度支費
累七十億得城三百餘而十餘年間叛者旋踵不
如因其請撫之以合止戈之義
上曰天下初定安南竄先朝貢第令民安陳氏有
後朕奚恤人言羣臣頓首稱善十一月命禮部侍
郎李琦工部侍郎羅汝敬充正使通政黃驥鴻臚
卿徐永達爲副齎詔撫諭安南所據利表暠係陳
日煃三世嫡孫竄身老撾二十年其令耆老以實

對卽授封朝貢如洪武制勑主帥卽班師新置三司以下文武各携家歸凡八萬六千六百四十人三年正月成山侯通馳奏僞王陳暠遣黎少頴表貢代身金人謝罪及送回所掠萬三千八百九十一人報巳全師出境至南寧胥命坐擅矯制失律棄地下獄當斬贖爲庶人中使馬騏以激變論死籍其家五月琦汝敬等還自交趾利表謝言暠病殁諸爲陳氏後者悉絕臣利謹守封疆候旨 詔吏遣汝敬往訪陳後廷臣劾黔國公晟等逗遛

上曲赦晟緘劾章示之贈交阯死事文武復其家四年汝敬還利附使貢方物奏陳氏子孫實已盡臣利有女九齡失亂兵中後知爲馬騏進充宮婢陛下既赦臣幸歸此女其敢負德六年五月利獻代身金人兼請封六月遣禮部侍郎章敞通政徐琦齎詔令利權署安南國事七年二月利遣人附敞琦謝貢歲金五萬兩及方物九年三月廣西總兵山雲奏利死姦臣黎問等搆黨讐殺諒山府土官阮世寧七源州土官阮公廷並避居龍州及太

待之先是國家　登極改元循例詔諭安南安南亦遣使朝貢然侵盜不輟中土人竄入其境有受僞御史者敎之窺雲南而鎮守雲南中使錢能貪恣令指揮郭景取捷徑求賂安南以朝使向道廣西頗錯愕潛以兵尾其後覘我虛實攻南京戶部侍郎王恕往巡撫械治能黨始戢而巨璫汪直方覬邊功獻取安南策傳　旨索永樂中調兵数職方郎陸容及劉大夏匿其籍以利害動尚書余子俊力沮得寢然自是鎮南關外多華人而臨安諸

郡夷賊滋蔓矣弘治八年占城請討安南少傅徐
溥以損威諫乃止十年灝死子暉嗣貢使欲由龍
州入南寧知憑祥州李廣寧以 國初設鎮南關
在其境爭之 詔如舊十七年暉死子敬嗣未踰
年復死立其弟誼寵臣阮种擅主權正德四年遏
誼自殺夷目黎廣度等誅种表請立賙六年命編
脩湛若水往封賙一名瀅爲灝次子玿出玿生灝
賙國人立賙而灝之子譓并弟應以兄子不得立
灝及譓並妻鄭宗強且握兵意不附而賙猜虐人

不堪命十一年鄭綏鄭惟鏟及其黨陳眞弑晭諒山都將陳暠自稱陳氏後與其子昇以諒山之甲逼交州攻殺鄭惟鏟自立僭號天應仍稱大虞因陳眞等攻走諒山鄭綏等共立譓其甥也一名椅而暠與昇率衆據長慶太原清都三府其黨莫登庸尋奔譓登庸本荆門漁家子有勇力善戰能凌水飛數步錄武舉累遷隸暠以罪奔譓用爲宜陽參將與暠戰大破之暠死以功封武川伯而大將阮弘裕等討弑晭之罪攻鄭氏鄭綏及其子奔清

化惟鏈子奔高平國兵柄未有屬登庸賂譓親信諷推巳典兵加太傅仁國公諸軍並聽節制既得志則漸除譓左右易所親信防守之且詭它盜焚劫譓迫於登庸間行得脫至清化依鄭綏登庸乃僞立懬或云登庸收妻懬母懬登庸子也譓兩遣使乞師爲登庸篡取不得進嘉靖改元以卽位詔諭安南國王賙賙死且七年矣使者抵龍州不能達而還六年登庸僞受懬禪僭號立子方瀛爲皇太子尋酖懬當是時登庸與陳氏分據交地譓所

擁清化乂安順化廣南四道而舊臣不服登庸者往往據險爲援九年登庸立子方瀛爲國大王而僭稱太上皇率兵攻譓清化譓敗走乂安及葵州復窮追走入哀牢國哀牢即老撾也譓憤鬱死子寧甫七歲一名㦃故臣黎峒鄭江鄭惟㥨等立之居清化府之木州漆馬江與老撾接界有衆八千登庸屢攻倚老撾爲援不能克十五年以皇子生議詔諭安南部奏自正德十年絶貢使法當聲罪請勑錦衣有膽略者往廣西令鎮巡選伴入境

勘報會安南世孫寧令陪臣鄭惟憭間道來乞師
天子銳意征討十六年巡撫雲南都御史汪文盛
黔國公沐朝輔得歸附土舍刁鮮等詷其事執登
庸諜傳檄懸購而賊黨武文淵等各請降自効文
盛列營蒙自縣蓮花灘扼交廣衝登庸頗懼明年
投牒奉款而黎寧亦列播越本末及進兵道里以
聞集廷臣議十八年命咸寧侯仇鸞爲征夷將軍
兵部尚書毛伯溫賛軍事征蠻將軍安遠侯柳珣
兼征夷副將軍兵部侍郎蔡經以二廣兵合征南

將軍黔國公沐朝輔以雲南兵合凡三十萬人壓
境左叅政翁萬達善兵多算伯温經咸伏之乃駐
師境上密募敢死士入僞都偵狀馳諭安南父老
以興繼義討罪止莫登庸父子有擒斬獻賞二萬
金加顯秩又諭登庸父子能藉土地束身歸命亦
待以不死且剋期進兵時方瀛巳物故登庸奉降
表獻所侵欽州四峒地願内屬及辨黎寧爲阮淦
子非黎氏後遂爲壇鎮南關兩軍相距文武具儀
升壇登庸率其任文明并夷目阮如桂等尺組繫

録三　藏板

頸徒跣藁伏壇下伯温承制受之暫令歸國候命
時十九年十一月三日也明年　詔赦登庸廢勿
王降稱安南都統司以登庸爲都統使從二品别
給銀印世襲海陽山南等十三路各設安撫司
設安撫同知等官聽登庸統理通隷廣西布政司
歲給大統曆奉正朔仍三年一貢其澌澟古森丫
葛金勒四峒侵地還欽州黎寧核果黎氏後界以
所據地制下登庸死矣聽授其孫福海伯温班師
以功進太子太保餘擢賞有差二十一年福海襲

表謝進金銀犀象方物命賚使如故供億減宅藩
罷賜宴頃之福海爲黎寧逼海上二十五年死
子宏瀷幼族人莫正中等謀作亂勢蹙奔欽州其
黨范子儀等亦潛住永安因擾內地二十八年莫
敬典討子儀黨函首獻護宏瀷至鎮南關請襲三
十年勘明許之尋有兵難貢使黎光賁覊南寧餘
十年至四十三年始達
上嘉恭順特賜宴如朝鮮琉球陪臣例萬曆初莫
茂洽襲都統使四年九年並來貢十四年越請故

疆從邊吏議給以吟邦邑米等四村而黎寧子寵無嗣世臣鄭簡立黎暉四世孫黎維邦簡卽惟憭子也維邦死簡子松復立維邦子維潭二十一年督兵象襲莫茂洽執殺之并得都統使印盡逐莫氏遺孽莫敬用竄居高平府敬璋敬恭竄居東海據安州以何維潭執敬璋兼有新安遣使浮海詣督府請款文移擅用前國王印詰之以詐對而請益堅因約以高平居莫氏如黎氏漆馬江故事維潭心艱之二十四年啓關有日遁去久之進代身

金人聽款二十五年四月總督兩廣侍郎陳大科等築壇受降如登庸時詔以維潭爲都統使仍以高平予莫敬用令維潭無侵害安南復定賜大科等金幣二十七年維潭死子維新嗣叛酋潘彥構逆維新與鄭松還保清化莫敬恭復振三十年祿州夷官韋達禮侵思陵州諭鄭松嚴束三十四年安南入貢改給銀印以黎維新襲都統使明年交夷七百餘由龍州港突犯欽州嚴諭維新擒勦維新稱盜首武永楨係殘莫嘯聚執扶安等三人獻

總督兩廣尚書戴燿檄總兵孔憲卿等分水陸進
掃其穴維新亦調水兵六十艘截新安海上三十
九年海風大作温州獲異船三譯審皆安南夷各
給衣糧縱歸四十二年黎酋朝祿等引烏合千餘
刼下石西州莫敬琳亦統衆數千索憑祥州米馬
入下石始黎氏自利以下雖稱藩得帝其國如趙
佗故事死則加僞謚君長並有二名以僞名事
中國其後黎莫二姓遞爲雄而莫氏寖微海島黎
莫支黨往往僭稱國公侯伯名號旁犯滇粤所至

發動按安南自李氏都龍編地東距海西抵老撾南接占城北連思明而與中土錯壤則東起欽州迤西歷左江北至臨安元江凡界兩廣雲南三省軺車往來必由廣西憑祥州鎮南關龍州爲孔道由雲南臨安則經蒙自河蓮花灘可四五日至其東都山川以佛跡勾漏海富良江爲大産金珠丹砂珊瑚翡翠蒟醬羚羊蚺蛇之屬甚夥而奇獸有狒狒似獼猴人面知人生死獴𤢻似猱善捕鼠俗夷獠雜居喜兼并椎髻裸下黑齒昂喙好浴江水

錄三　藏板

蹲踞爲恭唯交愛人倜儻驩演人淳秀而驩演文學特盛官制略倣華風並習漢字歲凡再稻八蠶桑麻魚鹽饒沃爲諸夷冠、

論曰安南自五代後置君若奕棋而黎氏凡三據其地豈一姓苗裔耶　國家拓境匹於漢唐而此邦旣隸版圖旋淪蠻落有遺憾焉或謂英國膚功屢奏卽留塡如黔國南人當不復反而以刑餘荼毒隳彼戚績且計黎利縱横英國尚夔躒無恙令虎旅再發應如子儀之走回紇而竟引棄珠崖爲

例蓋

天子意既厭兵而伏波前車英國當亦籌之熟矣

自韓魏公奇謂交州險僻多潦霧瘴毒得其地恐

不能守縻以戎索聽爲外臣亦未爲非策也須黎

莫爲蠻觸之爭我以全力制之可乘其敝而所在

戍守單弱曾固圉不遑安服問啓疆事先臣王世

貞有言國家地嬴於交州而取奇太理稍相折殆

幾是哉

錄三　三　　藏板